LA MAGNIFIQUE

POMPE FUNEBRE

ET

LE SERVICE SOLEMNEL

QUI S'EST FAIT

DANS L'ABBAYE ROYALE

DE SAINT GERMAIN DES PREZ,

Pour le repos de l'Ame de tres-haute, tres-excellente & tres-pieuſe

PRINCESSE

MARIE THERESE

D'AUTRICHE,

INFANTE D'ESPAGNE,

REYNE DE FRANCE

ET DE NAVARRE.

Avec l'Explication des Figures & des Deviſes.

A PARIS,
De l'Imprimerie de François Muguet, Imprimeur du Roy.

MDCLXXXIII.

AVEC PERMISSION.

LA MAGNIFIQUE POMPE FUNEBRE ET LE SERVICE SOLEMNEL

QUI S'EST FAIT DANS L'ABBAYE Royale de ſaint Germain des Prez.

A Sereniſſime Princeſſe Marie Thereſe d'Auſtriche Infante d'Eſpagne, fit la joye & la felicité de la France, il y a vingt-deux ans, quand elle y entra pour épouſer noſtre grand Monarque: & elle fait à preſent ſa peine & ſon affliction, quand elle l'abandonne par une mort precipitée. Cette perte eſt trop grande pour ce Royaume, & trop ſenſible à tous les François, pour eſtre ſitoſt effacée de leur memoire & de leur cœur.

Le Public a déja vû ce qui s'eſt fait dans l'Abbaye Royale de ſaint Denis en France, & dans la Cathedrale de Paris, pour honorer la memoire de cette grande Princeſſe. Il eſt juſte qu'on luy donne une Relation plus exacte du Service magnifique que les Religieux de l'Abbaye de ſaint Germain des Prez ont celebré pour le repos de ſon ame , & pour marquer leur profond reſpect envers la Famille Royale. Car ils ne ſe ſont pas contentez d'avoir offert à Dieu pour ce ſujet leurs prieres & leurs auſteritez dans le ſecret de leur ſolitude, & d'avoir fait un grand Service quelques jours aprés la mort de leur Reine : ils ont crû que puiſque leur Monaſtere avoit eſté fondé & dotté par les Roys de France, puis qu'ils avoient eu l'honneur d'avoir ſouvent pour leurs Abbez des Princes de leur illuſtre Sang, & qu'ils avoient eſté ſi avantageuſement diſtinguez par cent effets de leur bonté & de leur protection; ils avoient une obligation plus grande à leurs Souverains , & qu'ils devoient auſſi ſe diſtinguer par le zele qu'ils ont d'honorer la memoire de cette pieuſe Reine par une pompe funebre plus magnifique & plus éclatante.

Et il faut avoüer que ces bons Peres n'y ont rien épargné, qu'ils n'y ont rien oublié , & qu'ils y ont bien reüſſi. Car on ne peut rien voir de mieux inventé, de mieux concerté , ny de mieux executé. Et s'ils n'ont pas égalé ce qui s'eſt fait à ſaint Denis & à Noſtre-Dame aux dépens de ſa Majeſté, par les ſoins des Officiers de la Couronne ; on peut dire qu'ils en ont approché , & qu'ils ont ſuppleé par leur eſprit & par leur adreſſe à tout ce qui leur avoit manqué.

Toute leur Egliſe eſtoit tenduë depuis la voûte juſques au pavé, cette tenture eſtoit coupée par trois lais de velours ſemez de larmes d'argent, de fleurs de lys d'or, & d'un tres-grand nombre d'écuſſons aux Armes de la Reine avec ses chiffres, & les bastons Royaux en sautoir & couronnez.

Les premieres Arcades de la Nef estoient tenduës d'une maniere particuliere, & forment quatre Chapelles par leur enfoncement, leurs voûtes estant tenduës comme les quatre murailles; leur ceintre estoit bordé d'un lais de velours chargé d'écussons & de chiffres, semé de fleurs de lys & de larmes d'or & d'argent, & bordé par une moire d'argent dentelée, garnie de flocons aussi riches. Les six Pilastres qui portoient les quatre arcades estoient de velours semez de lys & de larmes d'or, & remplis d'écussons & de chiffres, leurs bases & leurs chapiteaux estoient dorez.

Le Mausolée où la Chapelle ardente estoit placée au milieu de ces quatre Arcades, qui sembloient ne faire qu'un mesme corps, & qui luy donnoient une majesté particuliere. Ce Mausolée estoit élevé à la hauteur de plus de trente-cinq pieds, & il ne se peut rien voir de mieux reglé ny de plus magnifique. Sa base estoit un socle élevé d'un pied seulement, il portoit une estrade de trois pieds d'élevation, dont chaque coin avoit deux figures en relief plus grandes que le naturel; ces figures estoient admirablement bien faites, elles representoient les vertus & les grandes qualitez de la Reine, elles portoient leurs emblêmes & leurs devises. L'espace qui les separoit estoit remply par d'autres devises fort spirituelles & tres-propres à leur sujet. Les bords de cette Estrade estoient garnis de cassoletes, d'urnes, de flambeaux & de plus de deux cent chandeliers d'argent.

Quatre grosses colomnes d'ordre dorique couvertes d'avanturine, environnées de cyprés & de crespes, accompagnées de leurs bases & de leurs chapiteaux dorez soûtenoient une belle corniche avec sa frise, & tous les autres membres d'architecture. Son Ciel estoit un tres-riche daix avec sa crespine d'argent, il estoit croisé de moire d'argent, & chargé de quatre gros écussons de broderie; le dedans de la corniche estoit bordé de campanes chargées de fleurs de lys d'or, & de tours de Castille, à houpes d'or & d'argent. Au milieu des quatre faces de cette grande corniche il y avoit quatre devises dans de belles cartouches avec les paroles qui en faisoient l'ame. Elle estoit encore embellie de crespe en forme de pentes de fruits.

Tous ces ornemens formoient un lit de parade tres-majestueux. On y avoit placé la Representation couverte d'un poile fort riche croisé de moire d'argent tabisée, chargé de quatre gros écussons de broderie aux Armes de la Défunte, bordé de deux larges bandes d'hermine, & une de drap d'or au milieu.

On avoit mis sur la Representation la Couronne Royale sur un carreau de velours noir, le tout couvert d'un grand crespe, & le manteau Royal estoit sur les pieds de la mesme Representation; ce manteau estoit de velours bleu doublé d'hermine, & semé de fleurs de lys en broderie d'or. On avoit aussi placé au bas de la Representation la figure de l'Europe affligée, couverte de deüil, les larmes aux yeux, un mouchoir à la main, & cette figure marquoit la douleur d'une maniere si vive, qu'il estoit difficile de la considerer sans en estre touché. Un Poëte luy faisoit dire ces Vers qui expriment assez bien ses sentimens, & qu'on n'a pas jugé indignes de ce lieu.

Peuples , n'esperez pas appaiser ma douleur,
Vous prodiguez en vain vos discours & vos charmes ,
Je ne suis plus capable aprés un tel malheur,
Que de gemissemens , de soûpirs & de larmes ,
Helas ! tous mes beaux jours se sont évanoüis,
Mes maux sont inoüis,
On ne sçauroit jamais y donner de remede,
Peuples vous le sçavez , ma Princesse n'est plus,
Le reste est superflus ,
Ma tristesse est trop grande , il faut que tout luy cede.

La Corniche & son Architrave estoit bordée de campanes chargées de fleurs de lys , & tout cela estoit surmonté d'un fronton qui remplissoit les quatre faces. Des enfans en relief de grandeur naturelle formoit le fronton , ils estoient appuyez sur une de leurs mains , de l'autre ils tenoient des torches fumantes & baissées, leur milieu estoit terminé par des testes de mort , & le tout estoit embelly de gazes d'or.

Le couronnement de ce Mausolée estoit admirable. On y voyoit la figure de la Reyne élevée sur deux riches tapis de Perse relevez d'or & de soye. Elle estoit debout vestuë à la Royale, un Ange à son costé qui luy montroit le Ciel. Ces deux figures & celle de l'Europe affligée, sont des ouvrages de Monsieur Benoist. Il n'en faut pas dire davantage pour persuader à tout le monde qu'elles sont achevées.

Quatre gros vaſes de bronze au quatre coins de cette magnifique Chapelle, chargez chacun de ſix flambeaux de cire blanche, en faiſoit voir toute la beauté, & un grand pavillon élevé juſques à la voûte de l'Egliſe, couvroit tout ce grand ouvrage, ſon fond eſtoit enrichy d'un grand daix chargé de quatre gros écuſſons en broderie, & ſes ſix aiſles ſemées de larmes & de fleurs-de-lys d'or bordées d'hermines, deſcendant ſur les ſix piliers de l'Egliſe, faiſoit le plus bel effet du monde.

Le Chœur des Religieux, qui eſtoit tendu depuis le haut juſques en bas & embelli de trois lais de velours chargez d'écuſſons & de chiffres, & ſemez par tout de larmes d'or & de fleurs-de-lys d'argent.

Le deſſus des chaires eſtoit éclairé par plus de ſix cens lampes, diſpoſées avec tant d'art, que leur clarté formoit les chiffres de la Reyne, & des piramides entre-deux.

Cette illumination embraſſoit auſſi les deux coſtez du ſanctuaire, & donnoit un éclat merveilleux à l'Autel, dont les gradins eſtoient garnis d'une tres-riche croix & de vingt-quatre gros chandeliers d'argent. Son retable, qui eſt de vermeil doré, enrichi de pierreries, faiſoit un effet admirable.

Les figures, les emblêmes & les deviſes ont fait une partie conſiderable de cette belle decoration. On a cru que le public ſeroit bien-aiſe d'en voir icy l'explication; & il verra qu'elles compoſent un éloge juſte & glorieux pour noſtre auguſte Défunte, & qu'elles diſoient aux yeux de l'aſſemblée, ce que l'Orateur diſoit à leurs oreilles.

EXPLICATION

EXPLICATION DES FIGURES
& des Devises.

LEs discours, les figures & les devises sont les seuls moyens que nous avons pour nous communiquer nos pensées, & pour les faire passer dans l'esprit par les sens. Par le moyen du discours elles entrent par les oreilles, par les figures elles y entrent par les yeux, & par les devises, qui sont composées de figures & de discours, elles entrent par les oreilles & par les yeux.

La parole est bien le moyen le plus commun & le plus commode pour se faire entendre, mais il n'est pas le plus court & le plus expressif. Car quand on veut blâmer ou loüer une personne, on le fait d'une maniere bien plus courte, & bien plus vive par une figure, ou par une devise, que par un discours; ce qui fait penser que les figures & les devises sont des invectives ou des éloges racourcis, & que les invectives & les éloges ne sont que des figures ou des devises expliquées.

L'Orateur qui fut chargé de faire l'Eloge Funebre de la Reyne, & qui s'en acquita si bien, donnera peut-estre au public le long & l'excellent discours qu'il prononça pour expliquer à une assemblée tres-illustre & tres-nombreuse les vertus Chrestiennes de cette grande Princesse; en attendant je luy veux faire voir les mesmes vertus par les figures & par les devises qui faisoient un des plus beaux ornemens du Mausolée qu'on avoit élevé à sa memoire.

I.

La premiere figure estoit placée au costé droit du Mausolée, au pied de la premiere colomne regardant l'Autel. Elle representoit l'Esperance tenant son ancre à la main, & les yeux élevez vers le Ciel. A son costé elle avoit pour devise, l'oiseau du Paradis suspendu dans l'air, & cette ame au dessous.

PLUS COELO QUAM SOLO.

Ie suis né pour le Ciel & non pas pour la terre.

Tout le monde peut penetrer sans peine le sens de la figure & de la devise. Car il n'est rien de plus facile que d'en faire l'application à la Reyne. On sçait que cette grande Princesse avoit mis toute sa confiance en Dieu; qu'elle estoit toûjours calme, toûjours paisible au milieu des agitations de la Cour, comme un vaisseau à l'ancre qui ne craint point la mer ny les orages.

Pouvoit-on mieux exprimer son attachement à Dieu & son détachement de la terre, que par cet oiseau merveilleux, qui est toûjours dans l'air, & qui ne s'abaisse jamais?

Ces mots, *Plus cœlo quam solo*, plus pour le Ciel que pour la terre, ne disent que ce qu'elle a dit un peu avant que de mourir, qu'elle n'avoit pas de peine à quitter les grandeurs de la terre, & qu'elle en esperoit de plus glorieuses dans le Ciel.

II.

La seconde figure estoit celle de la Charité, elle estoit placée au costé droit de l'Esperance, ses yeux estoient aussi élevez vers le Ciel; elle avoit à la main son embléme ordinaire, qui est un cœur emflamé. Sa devise estoit un miroir ardent exposé au Soleil dont il recevoit & luy renvoyoit les rayons par sa reflexion. L'ame de la devise estoit ce mot,

REFLECTIT AD UNUM.

Elle rend à luy seul ce qu'elle en a receu.

Il n'est pas necessaire de faire l'application de cette figure, de son embléme & de sa devise sur cette auguste défunte; Elle est si juste, que l'esprit la fait naturellement pour peu qu'il soit instruit de sa naissance, de sa qualité & de sa conduite. Car s'il n'y a point eu de Princesse qui ait receu de Dieu plus d'éclat, plus de gloire, plus de grace & plus de vertu; il n'y en a point qui ait esté plus fidelle à employer pour Dieu tous ces grands avantages. Elle estoit persuadée qu'elle les avoit receus de sa bonté; elle les consumoit toutes à son service.

III.

Au pied de la seconde colomne du mesme costé, on voyoit la figure de la Majesté; elle avoit la Couronne à la teste & le Sceptre à la main. La devise qu'elle avoit à son costé estoit une riche montre de cabinet, sur laquelle on avoit mis une Couronne Royale; l'ame de cette devise estoit ce mot,

ÆMULA SOLIS.

Elle suit son Soleil.

Il ne faut que considerer que cette illustre morte

estoit Fille de Roy, Epouse de Roy, Sœur de Roy, & Mere d'un Dauphin de France; qu'elle descend de cent testes Couronnées, & que mille sortiroient de sa posterité, pour connoistre que tout ce que le monde a de plus grand & de plus auguste estoit ramassé dans cette Princesse, ce qu'on ne pouvoit pas mieux exprimer que par la figure de la Majesté mesme couronnée & le sceptre à la main.

Sa devise ne luy est pas moins propre; car si par ce Soleil qu'elle suit avec tant de fidelité, vous entendez le Roy son glorieux Epoux; on peut dire qu'elle le suivoit par tout, & qu'elle faisoit dans son Oratoire pour le bien de l'Estat, ce que ce grand Prince faisoit par ses victoires.

Et si par ce Soleil on represente Dieu, jamais montre ne suivit mieux cet astre, que cette Reyne la volonté Divine.

IV.

La quatriéme figure bornoit l'autre face de la mesme colomne, & representoit la soûmission. Et sa devise estoit un anneau qui formoit un quadran; il estoit percé, & le Soleil passant au travers marquoit l'heure par sa lumiere. L'ame de cette devise.

HORAS LUMINE SIGNAT.

Sa clarté marque l'heure.

Ce n'est pas une petite gloire de joindre la soûmission avec l'autorité; car les personnes qui naissent pour commander, sont bien moins disposées à obeïr. On sçait pourtant que jamais Princesse ne fut

fut plus soûmise aux volontez de Dieu, ny plus fidele à suivre ses lumieres, & tout le temps qu'elle employoit dans son Oratoire n'estoit que pour connoistre ce que Dieu desiroit d'elle, & Dieu marquoit ses heures par sa clarté, puis qu'elle n'avoit pas plûtost connu le bien qu'elle l'executoit sans delay.

Le Roy son illustre Epoux estoit encore l'Astre, qui marquoit toutes les actions de sa vie; cette Princesse avoit toûjours les yeux ouverts, & l'esprit attentif pour les inclinations de ce grand Prince, & elle s'y ajustoit avec tant d'exactitude, qu'elle ne luy a jamais resisté.

V.

La figure de la Paix tenant à la main son emblême ordinaire, qui est une branche d'olivier, estoit au pied de la troisiéme colomne. Sa devise estoit la colombe que le Patriarche Noé fit sortir de l'Arche, pour connoistre si Dieu estoit appaisé, & si les eaux du déluge s'estoient retirées. L'ame de cette devise estoient ces mots.

OPTATÆ BAJULA PACIS.

Elle apporte la Paix qu'on a tant desirée.

Rien n'exprime mieux la grande obligation que toute l'Europe avoit à nostre Reine que cette figure, son emblême & sa devise. On sçait assez en quel estat estoit le monde, quand cette Princesse vint en France. Tous ses plus grands & ses plus beaux Estats estoient desolez; la guerre comme un cruel deluge avoit inondé l'Italie, l'Allemagne, la France, l'Espagne, &c. mais le glorieux mariage de cette illustre Infante avec Loüis le Grand nous apprit que Dieu estoit appaisé; & qu'il nous donnoit la Paix que nous avions tant desirée.

VI.

Cette mesme colomne avoit à son autre face une belle figure qui representoit l'Histoire, elle estoit couronnée de laurier, elle avoit à la main une couronne & un livre. Sa devise estoit un grand cedre abbatu, destiné pour dresser un Temple à la memoire. L'ame de cette devise estoit ce mot.

HINC OPUS ÆTERNUM.

On ne verra jamais la fin de mon Histoire.

Il n'est rien de plus juste & de mieux appliqué à cette pieuse Princesse. Car sa douceur, sa pieté, sa devotion, sa charité, &c. seront les plus justes & les plus vastes sujets de nostre Histoire. Et tous nos Ecrivains pourront sans la flatter, & sans blesser la sincerité, laisser à tous les siecles qui suivront celuy-cy, en écrivant sa vie des exemples illustres de toutes les vertus; & ces exemples feront l'amour & l'admiration de toutes les Souveraines du monde.

VII.

La Force avec son emblême ordinaire estoit à côté de la quatriéme colomne; on voyoit auprés d'elle une belle allée de cyprés qui faisoit sa devise, ces mots en faisoient l'ame.

IMMOTO ORDINE CRESCIT.

Mes progrés ne me changent pas.

La naiſſance & l'alliance avoit élevé la Reine ſur tout ce que le monde a de plus grand & de plus glorieux. La grace & la fidelité l'avoient portée de vertu en vertu à la perfection chreſtienne. Et tous ces glorieux progrés n'ont point ébranlé ſa conſtance, elle n'a point changé ; puiſque les grandeurs de ce monde n'ont point alteré ſa vertu , & que la vertu n'a point abbaiſſé ſa grandeur.

VIII.

On voyoit à l'autre face de la meſme colomne la figure de la Religion. Dans l'une de ſes mains elle avoit une Croix, dans l'autre un Calice, & pour deviſe une Bible tres-richement reliée , avec cette ame.

OMNIS GLORIA AB INTUS.

Ma gloire eſt interieure.

La Religion eſt tres-bien exprimée par cette figure, par ſon emblême & par ſa deviſe , puiſque c'eſt la Croix qui l'a eſtablie , & que le tres-ſaint Sacrement l'enrichit. Toute ſa gloire eſt interieure. Car tous les dehors n'ont rien d'éclatant. La Croix a fait le ſcandale des Juifs, & la riſée des Idolatres. Les Heretiques ont mépriſé le plus auguſte de ſes Sacremens. Mais enfin cette Croix & ce Calice font la gloire des fideles , & l'admiration des Anges.

Ceux qui ont eu l'honneur de ſervir & de voir plus ſouvent l'auguſte Princeſſe, qui fait le ſujet de cette Pompe, ſçavent que ſa foy eſtoit incomparable, & qu'elle eſtoit infiniment attachée à la Religion, l'ombre ſeule où le nom d'hereſie & de ſchiſme luy faiſoit horreur; & elle avoit pour tous nos Myſteres un reſpect infiny.

Il ne falloit que la conſiderer à l'Egliſe ou dans ſon Oratoire pour juger qu'elle eſtoit penetrée de devotion, & parfaitement perſuadée de la verité de noſtre Religion. La modeſtie de ſon viſage, & toute la diſpoſition de ſa perſonne, marquoit l'attention de ſon eſprit, & les ſentimens de ſon cœur. Mais cet éclat exterieur n'eſtoit rien en comparaiſon de la beauté de ſon ame. *Sa gloire eſtoit interieure.* Car pour la bien connoiſtre il auroit falu penetrer dans ſon ame, & voir le ſecret de ſon cœur.

I X.

On avoit encore placé au pied de la Repreſentation la figure de l'Europe affligée, elle eſtoit aſſiſe & regardoit l'Autel. Elle eſtoit appuyée contre le manteau Royal; de la main droite elle tenoit une Carte Geographique, & un mouchoir de la main gauche pour eſſuyer ſes larmes. Sa deviſe eſtoit un grand arbre abbatu, qui par ſa chûte en renverſoit pluſieurs petits. Ces mots faiſoient l'ame de ſa deviſe.

CASUS NON SPECTAT AD UNAM.

Cette perte eſt commune.

Nôtre auguſte Défunte avoit donné la Paix à toute l'Europe

l'Europe quand elle vint en France : ſon mariage fit la felicité & le repos de tous les Eſtats ; & ſa mort a porté la triſteſſe & les larmes dans la France, dans l'Eſpagne, dans l'Italie, dans l'Allemagne, & dans toutes les Provinces de cette belle partie du monde, parce que ſa vie & ſa pieté en faiſoient la joye & le bonheur.

X.

Enfin, pour couronner tout ce grand Mauſolée, on avoit placé la figure de la Reine ſur une Eſtrade de deux pieds de haut, couverte de deux riches tapis de Perſe, relevez d'or & de ſoye. Cette Princeſſe y paroiſſoit debout, couverte de ſon manteau Royal de velours bleu, ſemé de fleurs de lys d'or, doublé d'hermines, & pardeſſus une grande veſte de moire d'argent. On voyoit à ſa main gauche la figure de ſon Ange Gardien, qui luy montroit le Ciel.

On n'a pas pretendu Canoniſer cette Princeſſe, quoy que tous les peuples publient par tout ſa pieté, on n'aſſeure pas par ce Mauſolée, par ces figures, par ces emblêmes & par ces deviſes, qu'elle joüiſſe déja de la felicité & de la gloire du Paradis; ce ſeroit une grande temerité. On ſçait que les jugemens de Dieu ſont bien differens de ceux des hommes, mais on a voulu faire connoiſtre que ſuivant toutes les apparences, & que ſans paſſer les regles ordinaires de la prudence chreſtienne, on a ſujet de croire, que par la grace de Dieu, par ſa fidelité, & par la conduite de ſon bon Ange, elle eſt arrivée à ce ſejour heureux, pour lequel elle avoit ſoûpiré durant toute ſa vie.

Outre les deviſes qui accompagnoient les figures & leurs emblémes, il y en avoit encore huit peintes dans de belles cartouches ; les quatre premieres rempliſſoient les quatre faces de l'Eſtrade, & les quatre autres faiſoient la décoration des quatre coſtez de la corniche. Voicy celles qui embelliſſoient les faces de l'Eſtrade.

I.

Un vaiſſeau chargé de riches marchandiſes, qui a le vent favorable, & qui à pleines voiles va ſe rendre au port. Et ce mot pour l'ame de la deviſe.

ONUSTA RECEDIT.

Elle va riche au port.

Les Lettres-ſaintes & prophanes ſe ſervent de cette comparaiſon celebre; elles regardent tous les hommes comme des Marchands qui voguent dans ce monde, comme ſur une mer orageuſe, pour y faire un commerce heureux, & pour y acquerir de la ſainteté & du merite, qui eſt la precieuſe marchandiſe avec laquelle on achete la felicité éternelle. Noſtre eſprit & noſtre volonté ſont les voiles de noſtre ame, l'eſprit de Dieu eſt le vent ſacré qui nous conduit au Ciel, qui eſt le port que nous cherchons.

Les Grands, les Souverains voguent ſur cette même mer, & cherchent la même marchandiſe ; le Ciel les reçoit également comme les plus petits de leurs ſujets. Ce qui les diſtingue dans l'autre vie, c'eſt le ſuccés de leur negociation. Et s'ils ſe trouvent plus chargez de merites, & plus riches en bonnes actions, ils ſeront preferez.

La Princesse, dont on pleure la perte, a vogué durant quarante-quatre ans sur la terre comme sur une mer exposée aux vents & aux Orages. Les grandeurs & les plaisirs de la plus belle & de la plus superbe Cour du monde, n'ont pû l'empêcher de pratiquer toutes les vertus, & de s'enrichir de merites. Et elle y a si bien reüssi, qu'aprés une vie bien courte, elle a esté portée au port chargée d'un assez grand thresor pour acheter la felicité éternelle.

II.

Cette seconde devise est une des plus propres & des plus glorieuses à nostre illustre Défunte. Car il luy est fort glorieux d'avoir esté l'Epouse de Loüis le Grand, & ce ne luy est pas moins de gloire d'estre la Mere de Monseigneur le Dauphin, d'avoir Epousé le plus grand Roy du monde, & d'avoir donné à la France un Prince si accomply.

On ne le pouvoit pas mieux exprimer, qu'en representant cette Princesse sous la figure d'un coin ou d'une matrice de monnoye gravée d'un Loüis d'or; avec un autre Loüis qui vient d'en estre frapé avec ce mot:

SIC PARIT ILLA PAREM.

Elle en a produit un semblable.

Car rien n'est plus glorieux à Monseigneur, que d'estre parfaitement semblable à son auguste Pere; rien de plus glorieux à la Reyne, que d'avoir donné à ce grand Monarque un fils parfaitement semblable à luy.

III.

Fortunat un des plus ſçavans & des plus éloquens Eveſques de noſtre France, parlant du mariage du Roy Sigebert avec Brunehault, Infante d'Eſpagne, a fait deux demy-vers, qui ont donné occaſion à cette troiſiéme deviſe. On repreſente deux palmiers au deux coſtez d'une riviere qui ſe courbent & qui joignent leurs branches, comme pour s'embraſſer, ces mots de Fortunat font l'ame de la deviſe.

Nihil unquam amantibus obſtat
quos jungi divina volunt.
Qui s'oppoſe à l'amour
Quand c'eſt Dieu qui l'allume?

Je ne croy pas qu'on puiſſe rien trouver de plus juſte, pour exprimer l'union des deux plus puiſſantes Couronnes de l'Europe. Une guerre cruelle les diviſoit depuis tant de temps pour le mal-heur de ces deux grands Etats: mais par le mariage de Marie-Thereſe d'Autriche & de Loüis le Grand, ces deux Royaumes ſi diviſez & ces deux nations ſi antipatiques ſe ſont embraſſées contre toutes les apparences. Dieu avoit reſolu cette union pour le bien de ſon Peuple, & rien du monde ne pouvoit l'empêcher.

IV.

Le Soleil ne paroiſt jamais ſi beau, que quand on conſidere ſon image dans le baſſin d'une claire fontaine; & jamais cette belle liqueur n'a plus d'éclat, que lors qu'elle reçoit l'image du Soleil, & qu'elle luy renvoye ſa lumiere. C'eſt la raiſon pour laquelle on repreſente la Reyne ſous la figure d'un baſſin de fontaine

fontaine qui reçoit, & qui rend l'image du Soleil avec ce mot qui fait l'esprit de la devise.

FULGIDA SOLE SUO.

Son éclat vient de son Soleil.

Car il est vray que dans un sens plus élevé & plus saint, son ame pure recevoit l'impression de la face de Dieu dans la priere, & que cette clarté Divine faisoit l'ornement de sa vie. On peut dire encore dans un sens plus humain, que toute la gloire de Loüis le Grand, se répandoit sur Marie Therese, & qu'elle renvoyoit à son Auguste Epoux l'éclat qu'elle en avoit recû.

Les quatre dernieres devises que nous avons expliquées, faisoient l'ornement du pied d'estal; celles qu'on va expliquer embelissoient les quatre faces de la corniche.

I.

La premiere representoit un Autel avec son Tabernacle, tout estoit bien doré, & le Tabernacle estoit fermé; c'estoit là le corps de la devise, son ame estoit ce mot.

PLENA DEO.

C'est Dieu qui la remplit.

Ceux qui n'ont pas assez connu la vertu éminente & la dévotion tendre de la Reine, auront de la peine à concevoir cette devise, ou d'en faire l'application sur cette pieuse Princesse. Mais ceux qui ont eu la consolation de la voir dans ses Prieres & dans ses Communions, trouveront qu'elle est assez bien figurée par un Tabernacle fermé, dans lequel JESUS-CHRIST repose. Car elle avoit dans son cœur & dans son ame ce Dieu caché sous les especes du Sacrement, & enfermé dans nos Tabernacles.

II.

Il est peu d'instrumens d'harmonie plus ancien & plus saint que l'Orgue, son nom les comprend tous, & son usage n'est presque que pour les Eglises, & pour le culte de Dieu. Il est aussi fort mysterieux, la main de l'Organiste en fait les accords, mais c'est le vent enfermé qui les anime.

Cette figure exprime assez bien ce que le saint Esprit fait dans les ames justes, c'est luy qui anime toutes leurs actions, & qui fait la beauté & l'harmonie de leur vie. Ces paroles qui font l'ame de la devise.

SPIRITUS INTUS AGIT.

C'est l'esprit qui donne la vie.

Marquent assez bien la disposition de la Reine; rien n'estoit mieux reglé que la vie de cette Princesse, elle avoit ses heures de devotion, de retraite, de lecture & d'oraison; & elle y estoit si exacte & si uniforme, qu'elle n'y manquoit jamais; & il est vray que le saint Esprit estoit le principe interieur de toutes ses actions exterieures, qu'il animoit tous ses mouvemens, & qu'il faisoit l'harmonie de ses vertus.

III.

Le corps de cette devise est une fusée volante qui pousse dans l'air cinq étoiles qui forment une couronne ; & un feu d'artifice qui s'abbaisse sur la terre sous la figure d'un Dauphin. L'ame est ce mot, qui est aussi de Fortunat.

FOETU CLARA SUO.

Ses enfans sont sa gloire.

La Reine est fort bien representée par toute cette devise. Car cette Princesse a mis six enfans au monde, le Ciel en a attiré cinq qui brillent dans le Paradis, comme les Astres du firmament, puis qu'ils sont morts dans la sainteté & dans l'innocence du Baptesme, & ils font à present la couronne de leur auguste Mere. Le sixiéme est resté sur la terre pour faire le bon-heur de la France, & l'admiration de l'Univers.

IV.

Enfin, on representoit une lampe d'Eglise garnie & allumée, qui éclairoit un magnifique Temple. C'estoit là le corps de la devise. Son ame estoient ces deux mots.

DEO ET ECCLESIÆ.

Je brûle pour mon Dieu, & j'éclaire l'Eglise.

Cette comparaison est commune dans la doctrine de l'Eglise ; elle est tirée de l'Evangile, on l'applique plus ordinairement aux Prelats & aux Predicateurs. Mais il eſt vray qu'elle eſt propre à tous les fideles à qui JESUS-CHRIST ordonne d'éclairer le monde, dont ils ſont la lumiere. C'eſt pour cela qu'il les remplit de l'huile de ſa grace, & qu'il les allume du feu de ſon amour.

Noſtre vertueuſe Reine eſtoit toute pleine de charité; & ſon amour ardent & lumineux, n'avoit que deux objets, elle ne brûloit que pour Dieu, & pour ſon Egliſe. Son cœur comme un parfum agreable & precieux, s'exaloit devant la Majeſté divine dans ſes devotions. Et elle éclairoit toute l'Egliſe par les exemples de ſa vertu & de ſon innocence.

Ce qui ſurprendra toutes les perſonnes intelligentes dans ces ſortes de décorations, c'eſt que celle-cy fut concertée & executée en huit jours, & que tout s'y paſſa avec tant d'ordre, qu'il n'y arriva aucune confuſion.

On avoit choiſi le Jeudy 16. de ce mois pour celebrer ce grand Service. Pour en avertir le public, on tendit les deux portes de l'Abbaye & de l'Egliſe, & on les embellit de lais de velours & de grands écuſſons; enſuite on ſonna les cloches des trois tours qui ſont des plus groſſes & les plus harmonieuſes du Royaume.

Dés le matin le concours y fut ſi grand, que plus de vingt Suiſſes qu'on avoit diſpoſez à toutes les portes, eurent bien de la peine d'empêcher que la foule ne les forçât.

Sur les dix heures l'aſſemblée eſtant formée Monſeigneur le Nonce & les Prelats placez, les Princeſſes,

ſes, les Officiers des Cours Souveraines, & les autres perſonnes de la premiere qualité, ayant auſſi pris leurs places, le Reverend Pere General de la Congregation de ſaint Maur vint à l'Autel accompagné d'un tres-grand nombre d'Officiers.

La Meſſe fut commencée par cinq Chantres, & chantée par prés de cent Religieux, à la preſence d'un tres-grand nombre d'Eccleſiaſtiques de toutes les qualitez, & de Religieux de tous les Ordres.

Dés que l'Offertoire fut chanté, le Predicateur qui eſt un Religieux du même Corps, monta en Chaire & prononça l'Eloge Funebre de la Reyne avec beaucoup d'éloquence & d'erudition.

La Meſſe fut aprés cela achevée, & enſuite tous les Religieux le cierge à la main, ſortirent par ordre de leur Chœur, & ſe rangerent autour du Mauſolée, où ils chanterent deux Répons, & l'Officiant fit l'Abſolution avec les Encenſemens, les Aſperſions, les Oraiſons & les ceremonies accoûtumées.

Pour finir cette Relation, nous y ajoûterons des Vers qu'une perſonne de merite a compoſez, & qu'on avoit expoſez à l'entrée de l'Egliſe.

Si tu cherche, Chreſtien, ce qui fut de plus grand,
Approche avec reſpect de ce Temple celebre,
Pour mêler tes ſoûpirs à la pompe funebre,
De l'auguſte Moitié d'un parfait Conquerant,
Son deſtin t'apprendra que les biens de la Terre,
Thrônes, Sceptres, Grandeurs, n'ont que l'éclat du verre,

Que l'ombre, le Soleil, tout s'éclipse à nos yeux,
Que tiré du neant l'homme retourne en poudre,
Que rien n'est immortel hors le Maistre du foudre,
L'Auteur de l'Univers, & l'Artisant des Cieux.

Permis d'imprimer le 27, Septembre 1683. DE LA REYNIE.

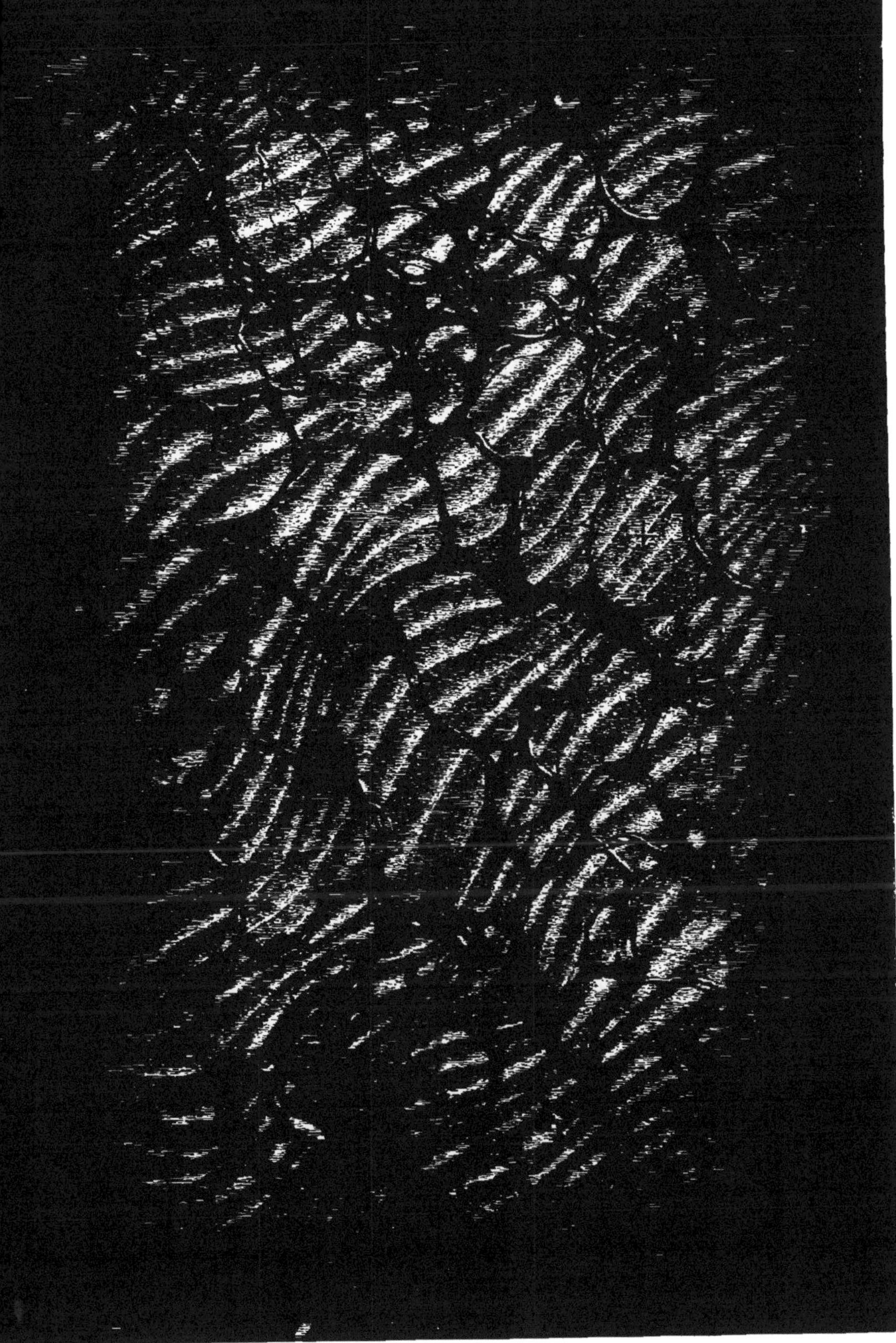

www.ingramcontent.com/pod-product-compliance
Ingram Content Group UK Ltd.
Pitfield, Milton Keynes, MK11 3LW, UK
UKHW021147230726
13926UKWH00002B/975

9 782014 431902